I0519301

Gewidmet für Myles

© Cathy McGough 2023

Diese übersetzte Version wurde im Januar 2024 veröffentlicht.

Alle Rechte vorbehalten. Kein Teil dieser Publikation darf in irgendeiner Form oder mit irgendwelchen Mitteln, elektronisch oder mechanisch, einschließlich Fotokopie, Aufzeichnung oder einem anderen Informationsspeicher- und -abrufsystem, ohne vorherige schriftliche Genehmigung des Herausgebers bei Stratford Living Publishing vervielfältigt oder übertragen werden.

ISBN Drucken: 978-1-998304-16-5

Cathy McGough hat gemäß dem Copyright, Designs and Patents Act, 1988, ihr Recht geltend gemacht, als Autorin dieses Werks genannt zu werden.

Kunst Powered by Canva Pro.

Dies ist ein Werk der Literatur. Die darin vorkommenden Charaktere sind allesamt Fiktion. Die Ähnlichkeit mit lebenden oder toten Personen ist rein zufällig. Namen, Personen, Orte und Begebenheiten sind entweder der Fantasie des Autors entsprungen oder werden fiktiv verwendet.

Dies ist ein Buch über Dinosaurier...

Dinosaurier lebten vor über 200 Millionen Jahren!

Dinosaurier lebten auf allen Kontinenten der Welt.

Einigen Dinosauriern machte sogar der Schnee nichts aus!

Dinosaurier hatten eine abwechslungsreiche Ernährung...

PFLANZEN...

Und Fleisch...

Manche Dinosaurier aßen gerne Obst, Gemüse und Fleisch!

Stell dir vor, du wärst ein riesiger Dinosaurier...

Den ganzen Tag auf der Suche nach etwas Essbarem herumlaufen!

Mit deinem brillanten Sehvermögen... und deinem starken Geruchssinn....

Du würdest bald einige leckere Leckereien finden, die du essen kannst!

Eine Sache, die du vielleicht nicht wusstest...

Tatsächlich weiß nicht jeder...

Dinosaurier hatten keine Sprachbox...

Dinosaurier konnten also nicht brüllen!

Also, rate mal, was wir tun können?

SPRINGEN SPRINGEN SPRINGEN

UND BRÜLLEN

FÜR DIE DINOSAURIER!

Dino-Jungtiere werden HATCHLINGS genannt...

Wie andere Reptilien wurden ihre Jungen aus Eiern geboren...

Es wäre lustig gewesen, sie ausbrechen zu sehen...

Und sie wackeln mit ihren Dinosaurier-Zehen!

Manche Dinosaurier hatten Schuppen...

Vielleicht so ähnlich wie die Schuppen von Alligatoren und Krokodilen...

Andere Arten von Dinosauriern hatten Federn...

Dinosaurier hatten über 50 Zähne... was für ein Lächeln sie gehabt haben müssen!

Und jetzt ist es an der Zeit
SPRINGEN
SPRINGEN SPRINGEN!

UND BRÜLLEN...

FÜR DIE DINOSAURIER!

UND BRÜLLEN...

Die Ernährung der Dinosaurier...

hungrig!

Sie haben viel gefurzt..,

Aber die heiße Luft stieg auf wie ein riechender Ballon...

Mehr Beeren zu essen, könnte ihren Bäuchen geholfen haben! Aber nicht mit Blaubeeren!

Weil es sie erst seit 13.000 Jahren gibt!

Und jetzt ist es an der Zeit,...

SPRINGEN

SPRINGEN

SPRINGEN

UND BRÜLLEN...

FÜR DIE DINOSAURIER

WIR

DINOSAURIERN BEIM

BRÜLLEN HELFEN!

Sprungserie auf Deutsch:
Springe wie ein Karibu!
Spring und sag Buh!
Spring in den Zoo!

Jump-Serie auf Englisch:
Springe wie ein Karibu!
Springe wie ein Känguru!
Spring in den Zoo!
Spring hoch und sag P.U. !
Spring auf und sag, es ist Valentinstag
Auch für Kinder!
Springe und suche nach einem Hinweis!
Springen Sie auf alles, was blau ist!
Spring, spring und sag frohe Ostern!
Springen Sie hoch und sagen Sie „Cock-A-Doodle-Do".
Springe und singe Da-Do-Do-Do!
Spring hoch und frag wer? WER?
Springe und schreie wie ein Kakadu!
Spring hoch und frage: Bist du es oder das Schaf?
Spring auf und sag, dass in meinem Eintopf ein Iwww ist!
Steigen Sie ein und sagen Sie frohe Weihnachten!
Steigen Sie ein und freuen Sie sich, frohes neues Jahr!
Spring auf und sag, dass in einem Tutu ein Mu-Muh ist!

Spring hoch und sag, da ist ein Hase in meinen Haaren!
Spring auf und sag, meine Tante hat eine Ameise gegessen!
Spring auf und sag, dass es im Vergnügungspark ein Erdferkel gibt

APPLAUD-REIHE: APPLAUS FÜR 1!
Applaudissez pour 2 !
Applaudissez pour 3 !
Applaudissez pour 4 !
Applaudissez pour 5 !
Applaudissez pour 6 !
Applaudissez pour 7 !
Applaudissez pour 8 !
Applaudissez pour 9 !
Applaudissez pour 10 !

Autres livres pour enfants :
Le chat qui disait bonjour
Les trois rochers
Billy Shakespeare
Billie Shakespeare
Apprenez à dessiner avec symétrie

Non-fiction
103 idées de collecte de fonds pour les parents bénévoles auprès des écoles et des équipes

www.ingramcontent.com/pod-product-compliance
Lightning Source LLC
Chambersburg PA
CBHW070948120626
46546CB00004B/1615